BEI GRIN MACHT SICH IHR WISSEN BEZAHLT

- Wir veröffentlichen Ihre Hausarbeit,
  Bachelor- und Masterarbeit

- Ihr eigenes eBook und Buch -
  weltweit in allen wichtigen Shops

- Verdienen Sie an jedem Verkauf

Jetzt bei www.GRIN.com hochladen
und kostenlos publizieren

Der Stakeholder-Ansatz und die GLOBE-Studie

Bibliografische Information der Deutschen Nationalbibliothek:

Die Deutsche Nationalbibliothek verzeichnet diese Publikation in der Deutschen Nationalbibliografie; detaillierte bibliografische Daten sind im Internet über http://dnb.d-nb.de abrufbar.

ISBN: 9783346524744
Dieses Buch ist auch als E-Book erhältlich.

© GRIN Publishing GmbH
Nymphenburger Straße 86
80636 München

Druck und Bindung: Books on Demand GmbH, Norderstedt Germany
Gedruckt auf säurefreiem Papier aus verantwortungsvollen Quellen

Das vorliegende Werk wurde sorgfältig erarbeitet. Dennoch übernehmen Autoren und Verlag für die Richtigkeit von Angaben, Hinweisen, Links und Ratschlägen sowie eventuelle Druckfehler keine Haftung.

Das Buch bei GRIN: https://www.grin.com/document/1143915

Inhaltsverzeichnis

Abkürzungsverzeichnis

Bzw.	beziehungsweise
d.h.	Das heißt
z. B.:	Zum Beispiel

Abbildungsverzeichnis

Tabellenverzeichnis

Aufgabenstellung

Alternative C

Aufgabe 1 (40 Punkte, ca. 5-6 Seiten)

Vereinbarkeit der Ansätze der Pflichtenethik und des Utilitarismus mit der Stakeholder-Theorie.

Aufgabe 2 (20 Punkte; 3-4 Seiten)

Die Globe-Studie - Welche Hypothese sollte damit bewiesen werden?

Aufgabe 3 (40 Punkte; 5-6 Seiten)

Differenzierung der beiden Begriffe „Unternehmenskultur" und „Lernkultur". Mit Bezug auf Scheins' 3-Ebenen-Modell und dem Lernmodell nach Agyris und Schön.

Alternative C – C1

1.1 Der Stakeholder-Ansatz

Die unternehmerische Gewinnmaximierung ist das oberste Prinzip des Wirtschaftens. Diese ist die Legitimierung eines jede Unternehmens in einer wettbewerblichen Marktwirtschaft zu bestehen, da dieses Prinzip auch Effizienz, Innovationsfähigkeit und Produktivität bedingt. Aus diesem Prinzip entstand u.a. auch der ShareholderValue-Ansatz[1]. Mit diesem entwickelte der amerikanische Philosoph Edward Freeman 1984 auch den Stakeholder Ansatz. Beide Ansätze werden in der Regel zusammen angeführt.[2] Nach Freeman ist ein Unternehmen auf strategischer Ebene effektiver zu managen, wenn man dabei die Interessen der unterschiedlichen Anspruchsgruppen berücksichtigt. Letztlich haben auch die Shareholder, die Aktionäre oder Anteilseigner, einen Vorteil davon.[3] Die verschiedenen Anspruchsgruppen werden als Stakeholder bezeichnet.[4] Zu den Anspruchsgruppen zählen jegliche externen und internen Personengruppen, die durch das Handeln des Unternehmens in irgendeiner Weise betroffen sein und zugleich die Unternehmensziele selbst beeinflussen können. Zu den internen Stakeholder gehören Mitarbeiter, Kunden, Eigenkapitalgeber und der Betriebsrat. Zu den externen Stakeholdern gehören u.a. Fremdkapitalgeber, Kunden, Lieferanten, die Gesellschaft, Gläubiger, der Staat, siehe dazu Abbildun.[5]

Abbildung aus urheberrechtlichen Gründen vom Redaktionsteam entfernt.
Abbildung 1: Stakeholder Management
(Quelle: onpulson.de (o.J.))

Die Stakeholder und die Unternehmensführung stehen in wechselseitiger Beziehung zueinander und beeinflussen sich gegenseitig. Dadurch wird deutlich, dass Unternehmen innerhalb einer Gemeinschaft wirken und eine harmonische Miteinander größere Zufriedenheit zur Folge hat.[6] Nach dem Ansatz von Freeman ist es die Aufgabe der Unternehmensleitung die Interessen

---

[1] *Vgl.* Wiesner (2018), S.2 & *Vgl.* Hahn (2005), S.25
[2] *Vgl.* Rolfes (2018)
[3] *Vgl.* Russel-Walling (2007) S. 160
[4] *Vgl.* Wöhe & Döring (2010) S. 7
[5] *Vgl.* Wöhe & Döring (2010) S. 21 & *Vgl.* Wien & Franzke (2014) S.95.
[6] *Vgl.* Russel-Walling (2007) S. 160

der Stakeholder zu bündeln und sie in angemessener Weise am Handeln und dem Erfolg des Unternehmens zu beteiligen.[7] Die Verbesserung des Allgemeinwohls soll daher das Unternehmensziel sein und nicht die Gewinnmaximierung.[8] Der Erfolg eines Unternehmens ist nach Freeman abhängig von der Zusammenarbeit interner und externer Stakeholder. Im Gegenzug zu der Leistung, welche die unterschiedlichen Stakeholder erbringen, stellen sie unterschiedliche Ansprüche und Erwartungen an das Unternehmen. Bei Nicht-Berücksichtigung dieser Anforderungen und Interessen entstehen Kosten. Da wirtschaftliches Handeln u. a. auf Gewinnmaximierung ausgerichtet ist, müssen Unternehmen deshalb mehr Wert auf Wirtschafts- und Unternehmensethik legen, um so die moralischen Standards ihrer Stakeholder zu befriedigen und konfliktäre Ansprüche zu verhindern.[9]

1.2 Pflichtethik

In der Ethik werden verschiedene philosophische Theorien vertreten, welche auch auf die Wirtschaftsethik angewandt werden können. Ein wichtiger Aspekt hierbei ist die Unterscheidung der „deontologischen" und der „teleologischen" Moralbegründung.[10][11] Der bekannteste philosophische Ansatz der deontologischen Ethik, oder Pflichtethik (Deontologie = die Lehre von der Pflicht) ist der Kategorische Imperativ von Immanuel Kant (1724-1804). Kant sagte: *„Handle nur nach derjenigen Maxime, durch die du zugleich wollen kannst, dass sie ein allgemeines Gesetz werde."*[12] Kant entwickelte 1785 mit seinem Werk „Grundlegung zur Metaphysik der Sitten" eine Moralphilosophie, welche gegensätzlich des empirischen Glaubens des 18. Jahrhunderts in der Vernunft verankert war, nicht im Mitgefühl.[13] Dieses deontologische Konzept wird als ethische Grundhaltung verstanden. Ihr oberstes Prinzip ist der gute Wille.[14] Vor Kant wurden Tugenden wie Verstand, Witz, Urteilskraft, Mut, Entschlossenheit, Beharrlichkeit, etc. in aristotelischer Tradition als Sitz des Guten gehalten. Kant hält diese Tugenden jedoch für Charaktereigenschaften, welche „ohne Zweifel in mancher Absicht gut und wünschenswert [sind], aber sie können auch äußerst

---

[7] *Vgl.* Wöhe & Döring (2010) S. 51
[8] *Vgl.* Wöhe & Döring (2010) S. 50
[9] *Vgl.* Priddat (2010), S. 84
[10] *Vgl.* o. V.: WHP Wisniewski, Dr. Hallier & Partner GbR (o. J.), S. 2
[11] *Vgl.* Kutschera (1999), S.254
[12] Kant (1968), S. 421
[13] *Vgl.* Kant (2005), S. 22-23
[14] *Vgl.* Schwendemann, Trillhaas (2017), S. 82

böse und schädlich werden, wenn der Wille [...] nicht gut ist".[15] Der gute Wille ist alleiniger Sitz des Guten und „allein durch das Wollen, d.i. an sich gut"[16] nicht erst durch seine Wirkung. Was diesen ausmacht, ist jedoch nicht bloß das Wollen etwas Guten, sondern die freie Entscheidung der Erfüllung einer Pflicht. Der moralische Wert einer Handlung liegt also in der Maxime, nach der sie beschlossen wird, nicht in der zu erreichenden Absicht.[17] Nach Kant ist die Pflicht, „die Notwendigkeit einer Handlung aus Achtung fürs Gesetz".[18] Der kategorische Imperativ ist das höchste moralische Gesetz. Nach diesem Prinzip soll nur nach derjenigen Maxime gehandelt werden, durch welche man zugleich wollen kann, dass sie ein allgemeines Gesetz wird. Hierdurch soll ein Maßstab für gerechtes Handeln gefunden werden.[19] Oberstes moralisches Prinzip der Sittlichkeit ist nach Kant ein selbstbestimmter und freier Wille. Dies sei die Voraussetzung eines jeden vernünftigen Wesens und im weiteren Sinne für moralisches Handeln.[20] Die Bedingungen für den kategorischen Imperativ sind laut Kant folgende: Eine Handlung soll allgemeingültig („kategorisch") sein, einen Zweck haben, den jeder Vernünftige wollen kann, aus Pflicht und frei von Eigennutz geschehen und andere Menschen niemals nur Mittel zum Zweck machen.[21]

1.3 Utilitarismus

Der Kant'schen Pflichtethik steht die Nutzethik gegenüber. Ein bekannter philosophischer Ansatz der teleologischen Ethik (Teleologie = die Lehre von der Zielorientierung) ist der Utilitarismus.[22] Der Utilitarismus bildet eine ethische Konzeption, bei der sich das Nützliche mit dem Gutem verbindet. Der Nutzen stellt hier den Maßstab allen moralischen Handelns und Entscheidens dar, wobei die Nutzenmaximierung und Leidminimierung im Vordergrund stehen.[23] Der Utilitarismus kommt einer materialistischen Weltanschauung nach, da man den materialistischen Rationalismus als Begleitphänomen des Erwerbssinnes und Liberalismus auffassen kann [24] und gilt heute als bedeutsame Basis menschlichen Handelns und Denkens in weiten

---

[15] Kant (2005), S. 28
[16] Kant (2005), S. 29
[17] *Vgl.* Kant (2005), S. 37-38
[18] Kant (2005), S. 38
[19] *Vgl.* Hassemer (2000)
[20] *Vgl.* Kant (2005), S. 105
[21] *Vgl.* o. V.: Prüfung-Ratgeber (o. J.)
[22] *Vgl.* Pleger (2019), S. 137
[23] *Vgl.* Weiß & Zirfas (2020,) S. 215 & Mill (2006) S.10-11
[24] *Vgl.* Kuttner (2015) S. 49 f.

Teilen der Welt.[25] Im Mittelpunkt der Betrachtung ist nicht die Handlung selbst, sondern die Konsequenzen in Bezug auf Freude und Leid aller Personen.[26] Eine Handlung ist dann moralisch gut, wenn sie Freude oder das Wohlergehen aller fördert und ein höheres Maß an positiver gegenüber negativer Folgen hat.[27] Somit könnte man negative Handlungen wie Töten, Lügen oder Kinderarbeit mithilfe des Utilitarismus rechtfertigen. Außerdem folgt der Utilitarismus vier Grundprinzipien:[28]

1. Prinzip der Konsequenz: Die Konsequenzen einer Handlung sind entscheidend dafür, ob diese gut oder schlecht ist.

2. Prinzip der Utilität: Maßstab für die Beurteilung einer jeden Handlung ist deren Nutzen.

3. Hedonistisches Prinzip: Die Lust (eng.: pleasure = Freude oder Glück) ist das höchste Gut. Eine Handlung hat Nutzen und ist moralisch gut, wenn diese die Lust näherbringt. **4. Prinzip der Universalität:** Im Mittelpunkt steht das Glück aller Betroffenen, nicht nur das des Handelnden.

1.4 Vereinbarkeit der Stakeholder-Theorie mit der Pflichtethik und dem Utilitarismus

Da die Kant'sche Pflichtethik verlangt, dass Menschen niemals als Mittel zum Zweck betrachtet werden sollen, ist sie mit dem Stakeholder-Ansatz nach Freeman vereinbar. Die Kant'sche Pflichtethik könnte sogar als Basis des Stakeholder-Ansatzes gesehen werden. Dies bedeutet, dass alle Stakeholder ans Anspruchsgruppen mit jeweiligen eigenen Interessen, Vorstellungen und Zielen betrachtet werden sollen. Diese gilt es als Unternehmen anzunehmen und den Anspruchsgruppen in angemessener Weise ein bestimmtes Maß an Einflussnahme zu gewähren. Dabei ist es bedeutsam, den Stakeholdern würdevoll und mit Wertschätzung zu begegnen. Folgt man in der Stakeholder-Theorie der Pflicht-ethik, so handelt man dann moralisch, wenn man aus Pflicht und ohne Eigeninteresse handelt. Dies bedeutet z.B. auch, dass die Gewinnmaximierungsabsicht des Unternehmens, die sonst nur den Shareholdern zu Gute kommen würde, zurückgestellt wird, damit wiederum z.B. die Sicherstellung von Arbeitsplätzen oder die Versorgung der Kunden mit wichtigen und lebensnotwendigen Produkten wie etwa Le-

---

[25] *Vgl.* Lüthy (2016) S 43
[26] *Vgl.* Weiß & Zirfas (2020,) S. 217
[27] *Vgl.* Frankena (2017) S. 35
[28] *Vgl.* Holzmann (2015) S.48 f

bensmittel, Drogerieartikel oder Medikamente, in den Vordergrund rücken. Oberstes Unternehmensziel stellt hier die Steigerung des Wohls aller Interessengruppen, also des Allgemeinwohls dar, wofür sich das Unternehmen und dessen Vertreter selbst verpflichten.

Ein gutes Praxisbeispiel für ein Unternehmen, welches die Kant`sche Pflichtethik und den Stakeholder-Ansatz in sich vereint, eignet sich dm Drogeriemarkt GmbH & Co. KG. Dafür steht auch ein wichtiges Bekenntnis von Gründer Götz Werner: „Wenn es keine Menschen gäbe, gäbe es keine Wirtschaft. Folglich ist die Wirtschaft für den Menschen da und nicht umgekehrt."[29] In Werners Sinne soll das Unternehmen mit Kunden, Handelspartnern und Mitarbeitern so zusammenarbeiten, dass die Marke dm als Gemeinschaft vorbildlich in seiner Umwelt handelt.[30] Die Aussage von dm, welche es seit 1992 gibt: „Hier bin ich Mensch, hier kauf ich ein", macht ebenso deutlich, welche Grundsätze dem Gründer Götz W. Werner wichtig sind. dm soll sich in seinen sämtlichen Beziehungen zu Mitarbeitern, Kunden, Umwelt und übrigen Stakeholdern zur Mitmenschlichkeit und Partnerschaftlichkeit verpflichtet fühlen. Das sinnvolle Handeln und die Übernahme von Verantwortung stehen bei dem Unternehmen im Mittelpunkt. Dies wird durch ökonomisches, ökologisches, kulturell und sozial nachhaltiges Handeln erreicht. Dm sieht sich in Übereinstimmung mit dem Stakeholder-Ansatz als Teil einer Gemeinschaft und möchte durch sein Handeln einen Beitrag zu einer lebenswerten Gesellschaft leisten[31]

Beim Utilitarismus steht im Gegensatz zur Pflichtethik nicht die Handlung selbst im Mittelpunkt der Betrachtung, sondern dessen Folgen. Hier können die Stakeholder als Mittel zum Zweck betrachtet werden, weswegen der Utilitarismus mit der Stakeholder-Theorie sehr gering vereinbar ist. Laut der utilitaristischen Ethik, darf ein Unternehmen 100 Arbeiter in ein Kernkraftwerk schicken, welche dort dem Risiko ausgesetzt sind, schwere oder sogar tödliche Strahlenschädigungen zu erleiden, wenn dadurch eine Million Anwohner gerettet werden können. Dies ist ein Schwachpunkt dieses ethischen

Ansatzes. Der Utilitarismus verbietet nämlich nicht, Menschen gegen ihren Willen zu opfern, wenn dies eine größere Anzahl an Menschen retten könnte.[32]

---

[29] *Vgl.* Das Unternehmerhandbuch (2017)
[30] *Vgl.* dm Drogeriemarkt GmbH & Co. KG (o.J. a)
[31] *Vgl.* dm Drogeriemarkt GmbH & Co. KG (o.J. b)
[32] *Vgl.* Schüz (2013), S. 47-48

Alternative C – C2

2.1 Die GLOBE-Studie

„The Global Leadership and Organizational Behaviour Effectiveness Research Programm", abgekürzt GLOBE-Studie, beschäftigt sich mit Führungsstilen und der Beziehung zwischen diesen und der Kultur in Unternehmen und Gesellschaften. Unter der Leitung von Robert J. House wurden aus knapp 1000 Unternehmen, verstreut auf 62 Länder seit Beginn der 1990er Jahre über 17000 Manager aus der mittleren Managementebene, aus drei Branchen dafür untersucht.[33] Mit dieser noch laufenden Studie wird untersucht, ob ein Zusammenhang zwischen der Landeskultur und der Personalführung existiert.[34] Da die GLOBE-Studie sich mit verschiedenen Kulturen und unterschiedlichen Führungsstilen auseinandersetzt, untersucht sie ebenso ob ein international akzeptierter Führungsstil existiert.[35] Die drei befragten Branchen sind die die Lebensmittelindustrie, die Telekommunikationsbranche und das Finanzwesen.[36] Es wurden, mittels rund 300 Fragen zu den Themen Landes- und Organisationskultur sowie Führung, Daten erhoben. Hierbei wurden die Praktiken und Werte der jeweiligen Gesellschaft differenziert.[37] Daraus wurden neun Dimensionen identifiziert: **Unsicherheitsvermeidung, Machtdistanz, Institutioneller Kollektivismus, Gruppen-/Familienbasierter Kollektivismus, Gleichberechtigung, Bestimmtheit, Zukunftsorientierung, Leistungsorientierung, Humanorientierung.**[38] Ebenso konnten durch die GLOBE-Studie sechs Führungsdimensionen und 112 Merkmale, die den Führungsdimensionen zugrunde liegen, ermittelt werden, durch die es möglich ist, landeskulturelle Differenzen und Gemeinsamkeiten abzubilden. Diese sechs Führungsdimensionen sind: **veränderungs- /verbesserungsorientiert, teamorientiert, partizipativ, humanorientiert, autonomieorientiert, autoritätsorientiert.**[39]

2.2 Ergebnisse der GLOBE-Studie

Anhand der GLOBE-Daten, durch eine vollständige Analyse der einzelnen Führungsmerkmale jeder Dimension, lässt sich festlegen, welche Führungsmerkmale global als effektiv angesehen werden. Von den 112 Merkmalen der sechs Führungsdimensionen konnten insgesamt ca. 20

---

[33] *Vgl.* ikud-Seminare (2008) & *Vgl.* Reimer (2005) S.36 ff.
[34] *Vgl.* House (1999) S. 171
[35] *Vgl.* Brodbeck (2016) S. 62 & *Vgl.* Gasteiger, R., Kaschube, J. & Rathjen, P.(2016), S.14-15
[36] *Vgl.* Hagemann, Priebe & Berger (2014) S. 101
[37] *Vgl.* Reimer (2005) S.36 ff.
[38] *Vgl.* Kutscher& Schmid (2008) S. 742 ff
[39] *Vgl.* Brodbeck (2008), S.20-21

Merkmale international als eindeutig effektiv identifiziert werden. Dazu gehören die Merkmale, die mit Verbesserungs-/Veränderungsorientierung, bspw. Vertrauenswürdigkeit, Ehrlichkeit, Gerechtigkeit und vorausschauendes Planen und Handeln, so wie mit Teamorientierung, z.B. Kooperations- und Kommunikationsbereitschaft, Teamentwicklung und gute Organisation assoziiert werden. Folglich werden vor allem die veränderungs-/ verbesserungsorientierte und die teamorientierte Führung weltweit als besonders effektiv betrachtet, siehe dazu Abbildung 1.

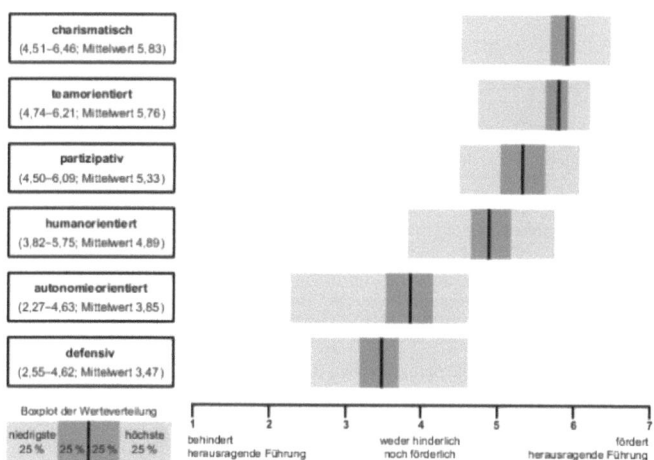

Abbildung 1: Bewertung der internationalen Führungsdimensionen
(Quelle: Brodbeck et al (2008), S.89)

Durch die Ergebnisse der Studie konnte gezeigt werden, dass die charismatische und teamorientierte Führung weltweit fast durchgängig als sehr effektiv angesehen wird. Jedoch wird die partizipative Führung insgesamt als effektiver angesehen. Hierbei sind allerdings die stärkeren Unterschiede zwischen einzelnen Kulturregionen oder Kulturen deutlich.[40] Die Daten der Studie stützen dem Anschein nach, die Betrachtungsweise, dass es global effektive Führung gibt.[41] Zudem wollte House die Generalisierbarkeit dieses Führungsstils überprüfen. Dies konnte die GLOBE-Studie allerdings nur teilweise belegen.[42]

---

[40] *Vgl.* Brodbeck (2006) S. 18
[41] *Vgl.* Brodbeck (2008), S.20-21
[42] *Vgl.* Achouri (2015) S. 257

Weitere Ergebnisse der GLOBE-Studie zeigen, dass organisationale Werte und Praktiken sich sehr stark mit den gesellschaftskulturellen Praktiken und Werten jener Länder entsprechen, in denen die Organisationen angesiedelt sind. Der Einfluss der Branche auf die Organisationskultur ist circa zehn Mal geringer als der gesellschaftskulturelle Einfluss.[43] Dies bedeutet, dass effektive Führung primär von der Gesellschaftskultur abhängt. Sekundär wird sie durch die Organisationskultur beeinflusst.[44]

2.3 Empfehlungen für Manager basierend auf den GLOBE-Ergebnissen

Da laut den Ergebnissen der Studie die zwei Führungsstile charismatisch und teamorientiert als universell gelten, d.h. in allen Kulturregionen und Ländern gleichermaßen sehr positiv beurteilt werden. Deswegen empfiehlt es sich diese universellen Führungsmerkmale als Grundlage zu nutzen, um grenzüberschreitende und international vergleichbare Führungsstandards zu entwickeln. Für eine erfolgreiche Führung in einer globalisierten Welt ist es jedoch essenziell hier ebenfalls Erkenntnisse aus regionalen Untersuchungen über effektive Führung und organisationale Praktiken des jeweiligen Kulturkreises oder Landes zu integrieren. [45]Internationale Teams brauchen eine gemeinsame Strategie und abgeleitete Ziele, damit die Einzelnen nicht aufgrund persönlicher Prägungen verschiedene Visionen entwickeln. Feedbackmanagement ist im internationalen Kontext elementar. Neben Raum für eigene Sorgen und Gedanken des Mitarbeiters sollte eine international agierende Führungskraft in solchen Gesprächen jedoch immer auch die Vorzüge der „andersartigen" Kollegen thematisieren. Gute Führungskräfte sind immer ein Faktor für den Erfolg einer Firma. Im internationalen Umfeld ist diese Fähigkeit jedoch elementar, um alle Vorteile dieser Konstellation vollends auszuschöpfen und somit den Erfolg des Unternehmens zu stärken.[46]

Zur Nutzung der Ergebnisse der GLOBE-Studie als Wissensgrundlage für internationale Organisationsentwicklung ist es angeraten eine Doppelstrategie zu verfolgen:[47]

1. Basierend auf kulturvergleichenden Studien wie GLOBE eine Grobeinschätzung über sichtbare Unterschiede der kulturellen Werte und Praktiken vornehmen und dabei auch

---

[43] *Vgl.* Brodbeck (2006) S. 17 f.
[44] *Vgl.* Brodbeck (2006) S. 21
[45] *Vgl.* Brodbeck (2006) S. 24
[46] *Vgl.* Kodydek (2014) S. 220-240
[47] *Vgl.* Brodbeck (2006) S. 30

kulturelle Trends einbeziehen. Signifikante Unterschiede und gegenläufige Trends stellen einen Mehraufwand bei der Vorbereitung und Durchführung eines Projektes dar.

2. Da die kulturvergleichende Perspektive nicht genügt, muss auch die kulturspezifische Perspektive eingenommen werden. Hierfür werden die regional gelebten und die als effektiv angesehene Führung und organisationale Praktiken bestimmt und in die Organisationsentwicklung einbezogen.

Zur Ergänzung werden an dieser Stelle die zwölf Führungsideale, welche ein Ergebnis der GLOBE-Studie und Teil der 21 „primary leadersip dimensions", die zu 6 „culturally endorsed leaderhsip theory dimensions" gruppiert wurden, aufgelistet: Diese Führungsideale gelten in allen untersuchten Kulturkreisen, sie haben aber in den unterschiedlichen Ländern bzw. Kulturkreisen jeweils eine unterschiedliche Rangordnung siehe dazu Tabelle 1:

Positive Führungskräfte	Negative Führungskräfte
Integrität	Böswilligkeit
Inspiration	Autokratie
Leistungsorientierung	Selbstzentriertheit
Vision	Gesichtswahrer
Teamintegration	
Entschlossenheit	
Administrative Kompetenz	
Diplomatie	

Tabelle 1: 12 Führungsideale aus der GLOBE-Studie
(Quelle: Vgl. Pichler (2018))

Alternative C – C3

3.1 Unternehmenskultur nach Schein

Das Drei-Ebenen-Modell nach Schein ist ein integrativer Ansatz der Unternehmenskultur. In diesem Modell werden sowohl äußerlich wahrnehmbare Ausprägungen, die als „Artefakte und beobachtbare Verhaltensweisen" bezeichnet werden dargestellt, ebenso werden unsichtbare Elemente, wie Werte, Normen, Glaube und die Grundannahmen einbezogen.[48]

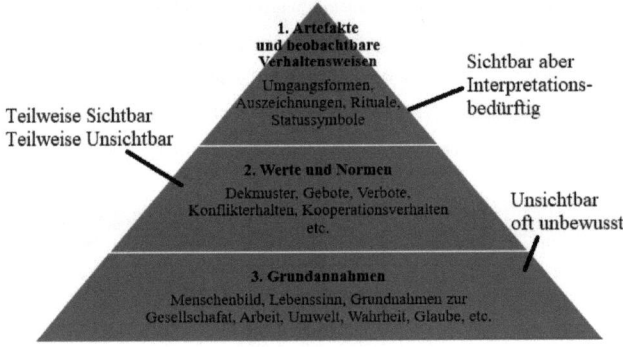

Abbildung 2: Scheins Drei-Ebenen-Modell
(Eigene Darstellung nach Hagemann, Priebe & Berger (2014) S. 21)

Die *Grundannahmen*, welche in der Abbildung 2 als Ebene 1 dargestellt werden, bezeichnen die Vorstellungen auf denen das Bild eines Menschen von sich, der Umwelt, den Beziehungen zu anderen Menschen und zu Richtig und Falsch basiert.[49] Dass die Handlungen und Entscheidungen der Gruppe eben diesen Prämissen zugrunde liegen ist ihnen nicht, oder nur wenig bewusst und sie werden kaum diskutiert. Abweichungen von diesen Grundprämissen werden nahezu nicht toleriert und andere, den bereits bestehenden Grundprämissen widersprechende oder sie in Frage stellende Grundannahmen werden nicht akzeptiert. Sie bilden den versteckten Kern einer Organisationskultur.[50] Die Grundannahmen sind aufgrund ihrer Verankerung im Unterbewussten nur schwer zu ermitteln bzw. hinterfragen. Deswegen sind sie auch oft der Grund für kulturelle Konflikte.[51]

---

[48] *Vgl.* Franken (2019), S.197ff
[49] *Vgl.* Franken (2019), S.197ff
[50] *Vgl.* Mader (2015), S. 3
[51] *Vgl.* Landau (2007), S. 5-6

Auf der mittleren Ebene befinden sich die *Normen und Werte*, welche teilweise sichtbar sind. Sie wirken handlungsweisend und dienen den Organisationsmitgliedern als Orientierung zu unterscheiden, was im Sinne der Unternehmenskultur als richtig oder falsch zu bewerten ist. Dadurch beeinflussen sie folglich das Verhalten der Mitglieder.[52]

Die *Artefakte* sind die sichtbaren Verhaltensweisen, offenkundigen Erzeugnisse und Rituale (z. B.: die Architektur eines Gebäudes, die Arbeitskleidung, oder das gezeigte Kommunikationsverhalten mit Mitarbeitern, Kunden und Lieferanten), welche die tatsächliche Darstellung der Organisation bilden.[53] Sie sind also all die Phänomene, welche sichtbar, hörbar und fühlbar sind. Obwohl diese Kulturebene direkt beobachtbar ist, ist sie für Fremde doch schwer zu entschlüsseln.[54]

3.2 Lernkultur nach Argyris und Schön

Sonntag et al. Betrachten die Lernkultur als Teil der Organisationskultur.[55] Sie beeinflusst neben der Visions- und Führungskultur die gesamte Unternehmenskultur entscheidend.[56] Sie definieren die Lernkultur als Ausdruck des Stellenwertes von Lernen im Unternehmen. Konkret geht es also um die Gesamtheit der Wertvorstellungen, Denkmuster, Handlungsweisen und Rahmenbedingungen einer Organisation und deren Mitglieder bezüglich der Förderung und Pflege von Lernen im Unternehmen.[57]

Argyris und Schön lieferten 1978 mit ihrer Arbeit „Organizational Learning: A Theory of Action Perspective" einen der ersten Meilensteine in dem Bereich des organisationalen Lernens.[58] Sie führten das Lernen einer Organisation auf individuelles Lernen zurück. Dieses wird durch einen erlebten Mangel oder Missstand eines Organisationsmitgliedes und der daraus resultierenden Suche nach neuen Lösungen ausgelöst.[59] Die zwei Autoren unterscheiden zwischen drei unterschiedlichen Modi organisationalen Lernens:

Anpassungslernen (Einschleifen-Lernen/single loop learning): Hier werden Abweichungen von vorgegebenen Zielen korrigiert.[60] Die Mitglieder lernen auf interne und

---

[52] *Vgl.* Homma, Bauschke, Hofmann (2014), S. 7
[53] *Vgl.* o. V.: WKO (o. J.)
[54] *Vgl.* Schein (1997), S. 30
[55] *Vgl.* Sonntag, Stegmaier, Schaper & Friebe (2004). S. 107
[56] *Vgl.* Steckelberg (2011), S. 2
[57] *Vgl.* Rehe (2018)
[58] *Vgl.* Richta (2012), S. 42 & *Vgl.* Bodenmüller (2015), S.12
[59] *Vgl.* Miebach (2009), S. 242
[60] *Vgl.* Franken (2019), S. 270

externe Veränderungen zu reagieren, wobei die bisherigen Prozesse und Abläufe nicht verändert werden und Wertehaltungen und Zielsetzungen unberührt bleiben. Ein Beispiel hierfür ist die Reaktion auf eine Kundenreklamation, ohne hierbei etwas an den Abläufen zu ändern. Alles nimmt weiterhin seinen gewohnten Gang.[61]

Veränderungslernen (Zweischleifen-Lernen/double loop learning): Hier wird eine Überarbeitung der Wertvorstellungen, Normen und Ziele vorgenommen.[62] Ein Beispiel hierfür, ist die Änderung des Produktionsziels oder die Überarbeitung des Produktportfolios um zur Befriedigung von Kundenbedürfnissen neue Produkte zu entwickeln.[63] Dabei werden bisherige Denkmodelle und Wahrnehmungsmuster aufarbeitet um einen neuen Soll-Zustand festzulegen. So werden neue Ideen für Prozesse und Produkte entwickelt, welche zu einer effizienteren Zielerreichung führen.[64]

Prozesslernen (Lernen zweiter Ordnung/deutero learning): Diese Stufe des Lernens ist ein für Unternehmen nahezu unerreichbarer Lernmodus, welcher bedeutet, das Lernen selbst zu lernen.[65] Hierbei wird das bisherige Lernsystem überprüft, Schwachstellen aufgedeckt. Es werden ebenso Maßnahmen zur Veränderung ergriffen, die die Lernfähigkeit optimieren sollen.[66] So werden wie beim Single-Loop-Learning nicht nur Anpassungen zur Effizienzsteigerung durchgeführt, sondern wie beim Double-Loop-Learning auch Ziele zur Effektivitätsprüfung sowie Lernmechanismen evaluiert und optimiert.[67]

Werden alle drei Lernstufen beherrscht so wird ein Unternehmen in der Lage sein, langfristig lern- und damit wettbewerbsfähig zu sein. Durch Single-LoopLearning und Double-Loop-Learning wird es einem Unternehmen ermöglicht, sich an neue Umweltbedingungen anzupassen und kleine Umwandlungen in Produkten, Strukturen und Prozessen vorzunehmen.[68]

3.3 Sozialisation und Enkulturation

Die **Sozialisation** beschreibt den Prozess der Anpassung eines heranwachsenden Menschen an die Gesellschaft und Kultur, welche ihn umgibt. Der Mensch erlernt im Sozialisationsprozess soziale Normen und Verhaltensstandards. Dadurch lernt er sein Handeln zu steuern und sich

---

[61] *Vgl.* Hagemann, Priebe, Berger (2014), S. 72 f & *Vgl.* Bodenmüller (2015), S.64
[62] *Vgl.* Meier (2019)
[63] *Vgl.* Hagemann, Priebe, Berger (2014), S. 72 f
[64] *Vgl.* Franken (2019), S. 270
[65] *Vgl.* Wilkesmann (2004), S. 383
[66] *Vgl.* Meier (2019)
[67] *Vgl.* Franken (2019), S. 270 f.
[68] *Vgl.* Franken (2019), S. 270 f.

zu einem handlungsfähigen und verhaltenssicheren sozialen Menschen zu entwickeln. Diese Sozialisierung wird Kindern durch ihre Eltern und ihre Umwelt vermittelt.[69]

Unter **Enkulturation** wird, dazu im Gegensatz, das unbewusste Hineinwachsen in die umgebende Kultur, durch die Aneignung von Grundverhaltensweisen/Normen und Handlungsgewohnheiten/kulturelle Praktiken, verstanden. Enkulturation ist die Eingliederung eines Einzelnen in die Kultur mit der Übernahme von Werten und Normen.[70] Sie gilt als Teil der Sozialisierung und kann als „kulturelles Lernen" verstanden werden, das sich in der jeweiligen kulturellen Umgebung vollzieht.[71] Somit sind Enkulturation und Sozialisation stark miteinander zusammenhängende Begriffe. In der Literatur finden sich Definitionen, die sich kaum voneinander unterscheiden lassen, viele Überschneidungen haben oder sogar widersprüchlich scheinen, was eine klare Abgrenzung sehr erschwert. Raithel et al. kreisen die Sozialisation, Erziehung und Personalisation bzw. Individuation in die Enkulturation ein.[72] Sie grenzen die Sozialisation insofern von der Enkulturation ab, indem sie sagen, dass Sozialisation das Sozialwerden in einem milieuspezifischen Kontext darstellt. Enkulturation meint hingegen das Sozialwerden in einem gesamtgesellschaftlichen, kulturellen Zusammenhang. Die Sozialisation bildet den Teil der Enkulturation, in dem die speziellen Normen und Werte der jeweiligen Gesellschaft oder Gruppe erlernt werden. Hierbei wir der Begriff der Erziehung der Sozialisation übergeordnet. Erziehung bedeutet hier Sozialmachung. Sozialisation kann jedoch als Sozialwerdung aufgefasst werden. Beides wird jedoch als Bestandteil der Enkulturation betrachtet.[73]

Die Enkulturation entsteht durch die Teilnahme an kulturellen Praktiken, die definiert sind als Handlungsweisen, in welchen sich die in der Kultur geteilten Grundprämissen, Normen und Werte äußern.[74] Praktiken zeigen sich vor allem daran, wie die Gesellschaft, Gruppe oder Organisation mit Normen, Werten und insbesondere Artefakten umgeht. Während Werte einen wünschenswerten Soll-Zustand angeben, liefern Praktiken Informationen über den Ist-Zustand bzw. über die derzeitige Wahrnehmung der entsprechenden Kultur.[75] Übertragen auf die Unternehmenskultur stellen unternehmenskulturelle Praktiken ein Zeugnis bewährter Lösungswege dar, mit deren Hilfe ein Unternehmen seine Herausforderungen meistert.[76] Werte werden

---

[69] *Vgl.* Maier (2018) & *Vgl.* Grendel (2019)S. 75
[70] *Vgl.* Stangl (2020) & *Vgl.* Carlsburg (2011) S. 29
[71] *Vgl.* Borgstedt (2014), S.16
[72] *Vgl.* Raithel, Dollinger & Hörmann (2009) S. 59
[73] *Vgl.* Raithel, Dollinger & Hörmann (2009) S. 60 f.
[74] *Vgl.* Hasselhorn & Schneider (2007), S. 430 & *Vgl.* Lang & Baldauf (2016), S. 7
[75] *Vgl.* Lang & Baldauf (2016), S. 7
[76] *Vgl.* Barmeyer (2012) S.52

im Rahmen der Sozialisation oder Enkulturation unbewusst erlernt und dienen als Richtlinien für das Denken, Verhalten und Fühlen. Sie sind weniger rational als emotional und mehr subjektiv als objektiv. Aus diesem Grund äußern sich Werte in unbeugsamen Meinungen und Gefühlen, welche nicht zu diskutieren sind.[77]

3.4 Zusammenfassung

Nun wird der Zusammenhang der Begriffe Unternehmenskultur, Lernkultur, Enkulturation und Sozialisation zusammengefasst:
Unternehmenskultur als die Summe geteilter Grundprämissen, Normen und Werte, hat einen starken Einfluss auf das Handeln und Denken ihrer Organisationsmitglieder. Im Mittelpunkt stehen hier vor allem die unbewussten und bewussten Werte des Unternehmens. Diese bieten den Mitgliedern eine Orientierung für ihr tägliches Handeln im Unternehmen. Durch eine agile Lernkultur, die als gesonderter Teil der Unternehmenskultur zu verstehen ist, ist ein Unternehmen in der Lage sich an sich wandelnde Umweltbedingungen anzupassen. Somit bleibt es für die Zukunft wettbewerbsfähig. Bei einem neuen Mitarbeiter, der sich erst einarbeiten, - lernen und zurechtfinden muss und sich Tag für Tag weiter in das Unternehmen eingliedert, findet auch eine Art Sozialisation oder Enkulturation statt. Er passt sich an die Gegebenheiten an und wächst mit seinen Aufgaben hinein. Dies ist ein Prozess, der nicht von heute auf morgen abgeschlossen ist. Der neue Mitarbeiter übernimmt unternehmenskulturelle Praktiken, welche ein Zeugnis bewährter Lösungswege angesichts schwieriger Herausforderungen darstellen. Praktiken bilden Handlungsweisen, in denen sich die im Unternehmen geteilten Grundprämissen, Werte und Normen äußern. Während die Werte Auskunft über den Soll-Zustand geben, repräsentieren die Praktiken den Ist-Zustand der Unternehmenskultur.

---

[77] *Vgl.* Barmeyer (2012) S.53

17

Literaturverzeichnis

Alternative C1

Frankena, W. K. (2017) Ethik. Eine analytische Einführung. 6. Auflage. Springer VS.
Wiesbaden

Hahn, T. (2005) Gesellschaftliches Engagement von Unternehmen: Reziproke Stakehol
der, ökonomische Anreize, Strategische Gestaltungsoptionen, Deutscher Universitäts-
verlag

Holzmann, R. (2015) Wirtschaftsethik. 2. Auflage. Springer Gabler

Kant, I. (1968), Kants Werke: Kritik der reinen Vernunft; Prolegomena; Grundlegung
zur Metaphysik der Sitten; Metaphysische Anfangsgründe der Naturwissenschaften,
Band 4, Frankfurt am Main

Kant, I. (2005), Grundlegung zur Metaphysik der Sitten, Reclam, Stuttgart

Kutschera, F.v. (1999) Grundlagen der Ethik. 2. Auflage. Walter de Gruyter Verlag,
Berlin

Kuttner, A. (2015) Ökonomisches Denken und Ethisches Handeln. Ideengeschichtliche
Aporien der Wirtschaftsethik. Springer VS. Wiesbaden 2015.

Lüthy, H. (2016) Die Fairness-Formel. Freiheit und Gerechtigkeit in der Wirtschaft und
Zukunft. Springer. Wiesbaden

Pleger W. (2019), Das gute Leben: Eine Einführung in die Ethik, 2. Aufl., Berlin

Priddat, B. P. (2010), Wozu Wirtschaftsethik? 1. Auflage, Metropolis Verlag, Marburg

Russel-Walling, E. (2007) Management, 50 Schlüsselideen. Spektrum

Schüz, M. (2013), Grundlagen ethischer Unternehmensverantwortung, 1. Aufl., vdf Hochschulverlag AG

Schwendemann, W., Trillhaas, S. (2017), Pflegeethik ... auch das noch!: Eine qualitativ-empirische Studie zur Professionsethik in den Pflegeberufen, 1. Aufl., Neu-Ulm

Weiß, G., Zirfas, J. (2020) Handbuch Bildungs- und Erziehungsphilosophie. Springer VS. Wiesbaden

Wien, A. & Franzke, N. (2014) Unternehmenskultur. Zielorientierte Unternehmensethik als entscheidender Erfolgsfaktor. Springer Gabler. Wiesbaden

Wiesner, M. (2018), Ethische Legitimation des Managements, Springer Gabler, Wiesbaden.

Wöhe, G., Döring, U. (2010) Einführung in die Allgemeine Betriebswirtschaftslehre. 24. Auflage. Verlag Franz Vahlen. München

Alternative C2

Achouri, C. (2015)Human Ressource Management. Eine praxisbasierte Einführung. 2. Auflage. Springer Gabler. Wiesbaden

Brodbeck, F. C. (2016) Internationale Führung. Das GLOBE-Brevier in der Praxis. Springer Verlag. Berlin Heidelberg 2016

Brodbeck, F.C (2008), Die Suche nach universellen Führungsstandards: Herausforderungen im globalen Dorf, Wirtschaftspsychologie aktuell Ausgabe 1/2008, Berlin

Brodbeck, F.C (2006), Navigationshilfe für internationales Change Management. Er kenntnisse aus dem GLOBE-Projekt. In: Organisationsentwicklung. Zeitschrift für Organisationsentwicklung und Change Management. Heft 3. S. 16-31

Gasteiger, R., Kaschube, J. & Rathjen, P. (2016) Interkulturelle Führung in Organisatio nen – Menschen im globalen Kontext effektiv führen. Springer Gabler.

Hagemann, K., Priebe, M., Berger, T. (2014) Unternehmenskultur und interkulturelles Management. Studienbrief der SRH Riedlingen. Riedlingen

House, R. et al. (1999) Cultural Influences and Leadership and Organizations: Project Globe In: Advances in Global Leadership Heft 1, S. 171-233

Kodydek, G. (2014). Nachwuchsführungskräfte in multikulturellen Gruppen. Ein interkulturelles Experiment. Peter Lang Verlag.

Kutscher, M., Schmid, S. (2008) Internationales Management. Oldenburg Wissenschafts verlag. Oldenburg

Mill, J.S. (2006) Utilitarismus, Felix Meiner Verlag, Philosophische Bibliothek Band 581

Reimer, A. (2007) Die Bedeutung der Kulturtheorie von Geert Hofstede für das internati onale Management. Wismarer Diskussionspapiere (20). Hochschule Wismar, Wismar Business School

Alternative C3

Barmeyer, C. (2012) Taschenlexikon Interkulturalität. Vandenhoek und Ruprecht Verlag. Göttingen

Bodenmüller, H.F. (2015) Wie lernen Organisationen? Theorie und Praxis. Diplomica Verlag, 1 Ausgabe. Hamburg

Borgstedt, A. (2014), Enkulturation in der Hochschule im Kontext des Dritten Bildungs- wegs, Fakultät für Erziehungswissenschaften, Universität Bielefeld.

Carlsburg, G.-B. (2011) Enkulturation durch sozialen Kompetenzerwerb. Baltische

Studien zur Erziehungs- und Sozialwissenschaft. Band 22. Peter Lang Verlag, Frankfurt am Main

Franken, S. (2019), Verhaltensorientierte Führung, 4. Auflage, Springer Gabler, Wiesbaden.

Grendel, T. (2019), Sozialisation und Soziale Arbeit - Studienbuch zu Theorie, Empirie und Praxis, Springer VS, Wiesbaden

Hagemann, K., Priebe, M., Berger, T. (2014) Unternehmenskultur und interkulturelles Management. Studienbrief der SRH Riedlingen. Riedlingen 2014

Hasselhorn, M. & Schneider, W. (2007) Handbuch der Entwicklungspsychologie. Hogrefe Verlag. Göttingen

Lang, R. & Baldauf, N.(2016) Studienwissen kompakt. Interkulturelles Management. Springer Fachmedien. Wiesbaden 2016

Homma, N., Bauschke, R., Hofmann, L.(2014) Einführung in die Unternehmenskultur. Grundlagen, Perspektiven, Konsequenzen. Springer Gabler. Wiesbaden

Landau, D. (2007), Unternehmenskultur und Organisationsberatung, 2. Aufl., Heidelberg

Miebach, B. (2009), Prozesstheorie: Analyse, Organisation und System, 1. Aufl., Wiesbaden

Raithel, J., Dollinger, B., Hörmann, G. (2009) Einführung Pädagogik. Begriffe. Strömungen. Klassiker. Fachrichtungen. 3. Auflage. VS Verlag für Sozialwissenschaften. Wiesbaden

Richta, H. N. (2012), Organisationales Lernen als erfolgsrelevantes Konstrukt im Rahmen der Internationalisierung von Unternehmen, 1. Aufl., Wiesbaden

21

Schein, E. (1997), Organizational culture and leadership, 2. Aufl., San Francisco

Steckelberg, A. (2011) Stärkung der Lernkultur im Unternehmen. Entdeckung von Potenzialen des PMBOK. Springer Gabler. Wiesbaden 2011

Wilkesmann, U. (2004) Lernende Organisation, Wissensmanagement und Lernkulturentwicklung – schöne Worte oder mehr? In: Zeitschrift für Berufs- und Wirtschaftspädagogik. Heft 3. Franz Steiner Verlag. Wiesbaden, S. 383- 397

Internetquellenverzeichnis

Alternative C1

Das Unternehmerhandbuch (2017) Unternehmenskultur und Werte: Brauchen wir das überhaupt? Abgerufen am 26.12.2020, Verfügbar unter: https://das-unternehmerhandbuch.de/unternehmenskultur-werte/

dm Drogeriemarkt GmbH & Co. KG (o.J. a) Deutschlands führender Drogeriewarenhändler. Abgerufen am 26.12.2020, Verfügbar unter: https://www.dm.de/unternehmen

dm Drogeriemarkt GmbH & Co. KG (o.J. b) „Hier bin ich Mensch, hier kauf ich ein". Abgerufen am 26.12.2020, Verfügbar unter: https://www.dm.de/unternehmen/kurzportraet

Hassemer, W. (2000), Noch mal von vorn: Was bedeutet der kategorische Imperativ?, Angerufen am 23.12.2020, Verfügbar unter: https://www.zeit.de/2000/02/NOCH_MAL_VON_VORN_WAS_BEDEUTET_DER_KATEGORISCHE

Onpulson.de (o.J.) Stakeholder. Abgerufen am 21.12.2020, Verfügbar unter: https://www.onpulson.de/lexikon/stakeholder/

o. V.: Prüfung-Ratgeber (o. J.), Kants kategorischer Imperativ – Erklärung, Beispiel und Kritik, Abgerufen am 23.12.2020, verfügbar unter: https://www.prüfung-ratgeber.de/2019/02/kantskategorischer-imperativ-erklaerung-beispiel-und-kritik/

o. V.: WHP Wisniewski, Dr. Hallier & Partner GbR (o. J.), Wichtige philosophische Ansätze zur Wirtschaftsethik, Abgerufen am 23.12.2020, Verfügbar unter: https://www.marketingclubberlin.de/pdf-mcb/veranstaltungen/2009/09-07_mc-werkstatt_ethik_handout-2.pdf

Rolfes, B. (2018), Stakeholder-Ansatz, Banklexikon Gabler, Springer Fachmedien GmbH, Wiesbaden. Abgerufen am 21.12.2020, verfügbar unter: https://www.gabler-banklexikon.de/definition/stakeholderansatz-61531/version-338904

Alternative C2

ikud-Seminare (2008). Führung und Unternehmen in internationalen (und interkulturel len) Kontexten: GLOBE Studie. ikud-Seminare. Abgerufen am 26.12.2020. Verfügbar unter: https://www.ikud-seminare.de/veroeffentlichungen/weltweit-erfolgreich-die-globestudie.html

Pichler, O. (2018), Führungsideale: Was erwarten Mitarbeiter von ihren Führungskräf ten? (GLOBE-Studie). Abgerufen am 26.12.2020, Verfügbar unter: https://www.pich-lertraining.at/fuehrungsideale-was-wollen-mitarbeiter-von-ihrenfuehrungskraeften/

Alternative C3

Mader, A. (2015), Organisationales Lernen, Abgerufen am 28.12.2020, Verfügbar unter: https://opus4.kobv.de/opus4-rhein-waal/frontdoor/index/index/year/2016/docId/125

Maier, G. W. (2018), Sozialisierung, Wirtschaftslexikon Gabler, Springer Fachmedien GmbH, Wiesbaden. Abgerufen am 01.01.2021, Verfügbar unter: In: https://wirtschafts-lexikon.gabler.de/definition/sozialisation-43285/version-266616

Meier, C. (2019) Lernende Organisation und organisationales Lernen. Abgerufen am 28.12.2020, Verfügbar unter: https://www.scil.ch/2019/12/05/digitalisierung-lernkul-tur-und-lernendeorganisation/

Rehe, A. (2018), Das Verhältnis von Unternehmenskultur und Lernkultur, Abgerufen am 28.12.2020, Verfügbar unter: https://www.projekt-mobile-thuerin-gen.de/2018/06/04/das-verh%C3%A4ltnis-von-unternehmenskultur-und-lernkultur/

Sonntag, K. , Stegmaier, R., Schaper, N., Friebe, J. (2004), Dem Lernen im
Unternehmen auf der Spur: Operationalisierung von Lernkultur, Unterrichtswissen-
schaft, 32. Jg., Nr. 2, S. 104-127, Abgerufen am 28.12.2020, Verfügbar unter:
https://www.pedocs.de/frontdoor.php?source_opus=5809

Stangl, W. (2020), Enkulturation, Online Lexikon für Psychologie und Pädagogik, Linz.
Abgerufen am 01.01.20201, Verfügbar unter: https://psychologie.stangl.eu/defini-
tion/Enkulturation.shtml

o. V.: WKO (o. J.), Arbeitskreis Initiative Unternehmenskultur: Begriff der Unternehmenskultur, Abgerufen am 28.12.2020, Verfügbar unter: https://www.wko.at/site/FG-
UBIT-WIEN--Unternehmenskultur/Begriff_der_Unternehmenskultur_wesentli-
che_Definition.html